Hans-Jürgen Borchardt

Der Kardinalfehler beim Sponsoring

Entscheidungshilfen bei Sponsoringangeboten

GRIN Verlag

Bibliografische Information der Deutschen Nationalbibliothek:

Die Deutsche Bibliothek verzeichnet diese Publikation in der Deutschen National-
bibliografie; detaillierte bibliografische Daten sind im Internet über http://dnb.d-
nb.de/ abrufbar.

Impressum:

Copyright © 2010 GRIN Verlag, Open Publishing GmbH
Druck und Bindung: Books on Demand GmbH, Norderstedt Germany
ISBN: 978-3-640-75695-7

Dieses Buch bei GRIN:

http://www.grin.com/de/e-book/161857/der-kardinalfehler-beim-sponsoring

GRIN - Your knowledge has value

Der GRIN Verlag publiziert seit 1998 wissenschaftliche Arbeiten von Studenten, Hochschullehrern und anderen Akademikern als eBook und gedrucktes Buch. Die Verlagswebsite www.grin.com ist die ideale Plattform zur Veröffentlichung von Hausarbeiten, Abschlussarbeiten, wissenschaftlichen Aufsätzen, Dissertationen und Fachbüchern.

Besuchen Sie uns im Internet:

http://www.grin.com/

http://www.facebook.com/grincom

http://www.twitter.com/grin_com

Der Kardinalfehler beim Sponsoring

Firmen, Organisationen, Veranstalter aller Art, Institutionen, Kommunen etc. versuchen mit dem Schlagwort „Sponsoring" Geld von Unternehmen oder Personen für die unterschiedlichsten Leistungen zu erhalten. Egal, ob Sport-, Charity-, Open-Air-, Vereins- oder Kultur-Veranstaltungen, Events, Stadtfeste oder Fernsehfilme gesponsert werden sollen, die Liste der Möglichkeiten ist beinahe unendlich. So wird auch in der Praxis zwischen vielen verschiedenen Sponsoringarten unterschieden. Aber wer nicht aufpasst und die Angebote nicht sorgfältig prüft, kann sein Geld verbrennen.

Klarstellung:
Sponsoring ist keine Wohltätigkeitsmaßnahme sondern Teil des Marketings. Damit ist Sponsoring ein Teil der absatzunterstützenden Aktivitäten, wie Werbung, Verkaufsförderung, PR etc. Entsprechend sind auch die Grundbedingungen identisch: Der Werbungtreibende/Sponsor zahlt Geld dafür, dass seine Information(en) vom Veranstalter dem Publikum, den Besuchern -auf klassischen Werbeträgern- vorgestellt werden. Aufgrund dieser fast identischen Leistung müssen auch die Angebote, die Zielsetzung, die Zielgruppen, das Preis-Leistungsverhältnis entsprechend professionell geprüft werden. Grob vereinfacht könnte man sagen, „Sponsoring ist eine subtilere Form der Werbung" und von den normalen Werbemaßnahmen oft nicht zu unterscheiden.

Die Unterschiede gegenüber der Werbung
1. Vorteile
- Der Unterschied zur klassischen Werbung besteht grundsätzlich darin, dass Zielgruppen bzw. Zielpersonen zu einem großen Teil in einem nicht kommerziellen Umfeld angesprochen werden können.
- Oft ist es als Sponsor möglich, ohne Wettbewerber aufzutreten.
- Wenn der Veranstalter ein hohes Ansehen/Image besitzt, kann (muss aber nicht) ein Imagetransfer zu Gunsten des Sponsors erfolgen.
- Es gibt Veranstaltungen/Maßnahmen bei denen klassische Werbemaßnahmen nicht möglich bzw. nicht erlaubt sind.

Zwei Anmerkungen:
- Grundsätzlich ist jede Zielgruppe mit klassischen bzw. konventionellen Werbeträgern zu erreichen. Deshalb trifft das gern genutzte Argument: „Diese Zielgruppe erreichen Sie nur durch unser Sponsor-Angebot!" nicht zu. Richtig ist nur, dass die Wettbewerber, die sich bei Sponsor-Maßnahmen beteiligen, im Voraus bekannt sind.

- Die Kontaktqualität muss für Kleinbetriebe etwas anders beurteilt werden, als für große Unternehmen. Große Unternehmen kann leichter Imagetransfer betreiben als der Kleinbetrieb, weil der Firmen- oder Markenname mit einer Person, einer Mannschaft, einem Verein, mit einer Sportart, einem guten Zweck etc. verknüpft wird. Der Kleinbetrieb kann sich(aus Kostengründen) nur an kleinen regionalen Aktionen beteiligen, wo die Zuschauer/Beteiligten im Allgemeinen nicht so eine große Identifikation zum Veranstalter einbringen.

2. Nachteile

- Das Preis-Leistungsverhältnis ist oft schwer, manchmal überhaupt nicht, zu prüfen, weil die Medienresonanz nicht im Voraus bekannt ist.
  Erklärung: Die wenigsten Sponsoren beteiligen sich, nur um die Besucher zu erreichen. Wichtig für den Sponsor ist, ob seine Beteiligung in den Medien in Wort und Bild gewürdigt wird. Das ist aber vorher ungewiss, denn kein seriöser Berichterstatter wird im Voraus gegenüber dem Sponsor verpflichtende Zusagen machen.

- Die Erfolgskontrolle ist meistens schwierig, manchmal unmöglich. Die bestehenden Ansätze gelten für Groß- aber nicht für Kleinunternehmen. Erklärung: „Richtige" Erfolgskontrollen müssen wissenschaftlich durchgeführt werden, wenn sie aussagekräftig sein sollen. Korrekt ist es, wenn zwei (identische) Referenzgruppen die Basis bilden. Werte wie Image, Anmutung, Sympathie etc. werden in beiden Gruppen gemessen. Der Unterschied in den beiden Gruppen besteht darin, dass die eine Gruppe an der Veranstaltung teilgenommen hat, die andere nicht. Aus den unterschiedlichen Befragungsergebnissen kann dann gemessen werden, ob und wenn ja, wie wirksam die eigene Beteiligung war. Aufgrund dieser Bedingungen ist eine Erfolgskontrolle für den Kleinbetrieb zwar prinzipiell möglich, aber nicht sinnvoll.

- Oft sind die Umfeldbedingungen nicht beeinflussbar. Das bedeutet, dass der gewünschte Erfolg (völlig) ausbleiben kann. Wenn Veranstaltungen ein Misserfolg werden, kann sich die Zielsetzung, einen positiven Imagetransfer zu erreichen, ins Gegenteil umkehren, wenn z. B. die Band nicht gefällt, die Organisation miserabel ist, das Preis- Leistungsverhältnis nicht stimmt etc. Es gibt viele Gründe, die einen Misserfolg herbeiführen können aber nicht müssen.

Aus der Gegenüberstellung der Vor- und Nachteile ergibt sich, dass in vielen Fällen nicht im Voraus festgestellt werden kann, ob das Preis Leistungsverhältnis für den Sponsor gewinnbringend ist. Deshalb sollte jeder Unternehmer jedes Angebot sehr genau dahingehend prüfen, ob tatsächlich eine Win-win Situation zu erzielen ist.

Für die Entscheidungsfindung sind fünf Fragen wichtig. Wenn diese mit ja beantwortet werden können, ist eine Beteiligung grundsätzlich sinnvoll.

1. Stimmt das Preis-Leistungsverhältnis?
2. Bin ich Exklusiv-Sponsor?
3. Kann ich das, was meinen Betrieb auszeichnet, vorstellen?
4. Werden mir ausreichende Möglichkeiten zur Darstellung geboten?
5. Hat der Veranstalter ein so gutes Image, dass ich davon profitieren kann?

Die Quintessenz für Inhaber von Kleinbetrieben ist, dass es sich in den meisten Fällen nicht lohnt, sich als Sponsor zu engagieren. Im Gegensatz zu Großunternehmen, die z. B. den Bekanntheitsgrad ihrer Marke steigern oder einen Imagetransfer erzielen wollen, ist diese Zielsetzung für Kleinunternehmen nicht so relevant. Sie haben einen kleinen regionalen Einzugsbereich, in dem sie im Normalfall bekannt sind. Daraus ergibt sich, dass eine klassische Vorstellung mit Namen und/oder Logo verschenktes Geld ist. Deshalb prüfen Sie immer sehr genau, welche Leistungen Ihnen der Veranstalter bietet und ob diese Leistungen Ihre (konkreten) absatzfördernden Aktivitäten wirklich unterstützen.

Zwei fast identische aber dennoch sehr unterschiedliche Beispiele zum besseren Verständnis:

Eine Kita plant ein Sommerfest und sucht einen Sponsor. Man fragt eine Bäckerei, ob sie bereit sei, die Kita zu unterstützen. Der Inhaber erfragt, was geplant ist.

Die Auskunft: „Wir planen ein Sommerfest in eigener Sache und werden dazu möglichst alle Familien in unserem Einzugsgebiet via Handzettel einladen. Wenn sie den Druck der Handzettel übernehmen, steht Ihnen die Rückseite des Handzettels zur Verfügung. Als konkrete Unterstützung wünschen wir uns für jedes Kind bis 6 Jahre, das zum Fest kommt, zwei Stücke Kuchen und eine Limo, denn wir wollen möglichst viele Kinder mit Eltern zu einem Besuch animieren.
Sie können einen Stand draußen oder bei schlechtem Wetter im Flur aufbauen und ihr eigenes Sortiment vorstellen bzw. ihre Produkte verkaufen.
Der Bäcker sagt zu, weil er die fünf Fragen mit ja beantworten kann.

Eine andere Kita plant ebenfalls ein Sommerfest. Auch sie sucht dazu einen Sponsor. Wieder wird ein Bäcker gefragt, ob er das Fest sponsern will. Bei der Frage nach den Konditionen, erhält er folgende Auskunft: „Wir planen ein Sommerfest und laden dazu die Eltern der Kita-Kinder ein. Die Einladung erfolgt durch uns. Vom Sponsor erwarten wir, dass er pro angemeldete Person und für die Mitarbeiter ein Stück Kuchen liefert. Im Gegenzug kann ein „Sponsor-Plakat" in den Räumen aufgehängt werden und Werbe- bzw. Handzettel ausgelegt werden.
Der Bäcker lehnt ab, weil er keine neuen Kunden ansprechen kann, weil das Preis-Leistungsverhältnis nicht stimmt und seine eigene Leistungsdarstellung keine ausreichenden Möglichkeiten zur Differenzierung bietet.

Fazit
Wenn Sie die fünf Fragen nicht uneingeschränkt mit ja beantworten können, lehnen Sie ab. Sonst haben Sie nur Kosten und (viel) Aufwand für wenig Gegenleistung.

Hans-Jürgen Borchardt
September 2010